北欧の光と影のモビール

幾何学模様の美しいヒンメリ

Geometric Beautiful Himmeli

ヒンメリのおか
大岡真奈

河出書房新社

はじめに

私とヒンメリとの出合いは、図書館で何気なく手に取った北欧雑誌の中にあった1枚のヒンメリの写真。ページを開いた瞬間、あまりの美しさに感動し、強い衝撃を受けました。身動きが取れなくなるような不思議な感覚になったのを今でもはっきりと覚えています。

当時の日本では、ヒンメリを知る人は周りにおらず、今のようにネット上にヒンメリが溢れる時代ではありませんでした。あんな形やこんな形、作ってみたいのに分からない。ヒンメリの作り方がたくさん載った本が欲しい！　作りたい！　と心から思いました。そんな思いから、夢中で手を動かし続け、独学でさまざまな形を考案し、ヒンメリの美しさ、制作の楽しさを伝えたい一心で独自のノウハウを詰め込んだワークショップを始めました。

ヒンメリはもともとフィンランドの田園地方に古くから伝わるライ麦を使った伝統装飾品です。そのような文化があったのは材料であるライ麦がすぐそばにあったからでしょう。

しかし現代の日本で、麦がすぐ手に入るという方は少なく、私もその中の1人です。それでも、ヒンメリの魅力をより多くの人に知ってもらいたいと考え、材料を手軽に入手できるストローに替えたヒンメリを作り始めました。細い黒のストローで制作するのは、黒のシャープな線で描かれる幾何学模様が白壁に美しく映え、その景色が大好きだからです。

1針ごとに、少しずつ立体になっていく様子に驚いたりワクワクしながら夢中になって、完成したときの嬉しい気持ちや達成感、美しさを多くの方に感じてもらいたいと思っています。

あの日私が「欲しい！」と思っていた本、あの日の私にプレゼントしたいと思える本ができました。この本で今度はあなたの「色んな形を作りたい！」の夢が叶うと嬉しいです。素材や色は自由に、興味を持ったモチーフから作ってみてください。

ヒンメリがあなたの日々の暮らしに潤いや癒やしを与え、たくさんの幸せが降り注ぎますように。

ヒンメリのおか　大岡 真奈

麦わらのヒンメリについて

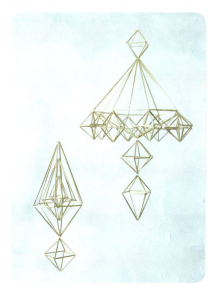

発祥はフィンランド
光と影の伝統装飾

現代では、ストロー、金属パイプ、ビーズなどさまざまな素材で作ることができるヒンメリ。もともとは、麦が身近な存在であったフィンランドの田園地方で生まれたライ麦のヒンメリが始まりで、幸運のお守りとも言われて親しまれて来ました。ライ麦で作ったヒンメリは細く、繊細で美しく、太陽に当たると黄金色にキラキラと輝きます。翌年の豊作を祈って作られたヒンメリは五穀豊穣、無病息災の思いを込めて作られた日本のしめ縄飾りにどこか近いものを感じます。

【本書の見方】

本書に掲載しているヒンメリは3段階で難易度を示しています。

★…初級
★★…中級
★★★…上級

初めての方は初級から作るのがおすすめです。慣れてきたら、気になるモチーフにチャレンジしてみてください。

contents

Part.1 ヒンメリ好きに贈る人気のモチーフ

- 006 **NO.01** ジュエリーボックス — HOW to MAKE → P.30
- 006 **NO.02** シャイニー — HOW to MAKE → P.33
- 007 **NO.03** ダブルジュエリーボックス — HOW to MAKE → P.34
- 008 **NO.04** 太陽 — HOW to MAKE → P.37
- 009 **NO.05** 雨 — HOW to MAKE → P.41
- 010 **NO.06** キリコ — HOW to MAKE → P.44
- 011 **NO.07** ツリー — HOW to MAKE → P.47
- 012 **NO.08** ボール — HOW to MAKE → P.49
- 013 **NO.09** スターボール — HOW to MAKE → P.51

- 014　NO.**10**
星
HOW to MAKE —→ P.53

- 015　NO.**11**
スターバスケット
HOW to MAKE —→ P.55

- 016　リースアレンジメント
NO.**12**
リース小
HOW to MAKE —⟶ P.58

- 017　NO.**13**
リース大
HOW to MAKE —⟶ P.58

- 017　NO.**14**
縁取りリース
HOW to MAKE —⟶ P.58

- 018　NO.**15**
天空の風
HOW to MAKE —⟶ P.62

- 019　*column* ヒンメリの飾り方バリエーション

*Part.*2　ヒンメリを作ってみよう

- 020　基本の道具と材料	- 026　8面体ダイヤ形
- 021　アレンジの材料	- 026　8面体しずく形
- 022　基本の準備と糸の扱い方	- 027　基本の12面体
- 022　始める前にやっておくこと	
- 022　きれいに仕上げるための針・糸の扱い方	
- 023　糸の掛け方	
- 023　作り終わったらやること	
- 024　基本のヒンメリを作る	
基本の8面体	

=== 本書の注意事項 ===

写真の見方　⟶　針の進行方向を指しています。
　　　　　　‑‑⟶　1度通ったところに針をくぐらせています。

・ストローの直径は3〜3.5mm程度が作りやすく美しいです。
・太いストロー（コンビニエンスストアやレストラン等で出て来る6mmのストローなど）で制作すると、中心にたくさん線が寄って来るような作品【例:太陽（P.08）など】は、上手くパーツがはまらないことがあります。出来るだけ細いストローで制作するときれいに仕上がります。
・糸の扱い方と針の掛け方は「基本の準備と糸の扱い方」（P.22）を必ず読んでください。

Part.1
ヒンメリ好きに贈る人気のモチーフ

角度によって、色々な表情を見せるヒンメリ。
光を受けてキラキラと輝くところを楽しむもよし、
映し出される影を一緒に楽しむもよし。
飾ると見えて来る、光と影の魅力を楽しんで。

NO.02
シャイニー
— SHINY —

難易度：★★☆

ジュエリーボックスに4つの角を
足して、星のような形にアレンジ
しました。立体感のあるきらめきは
色んな角度から楽しめます。

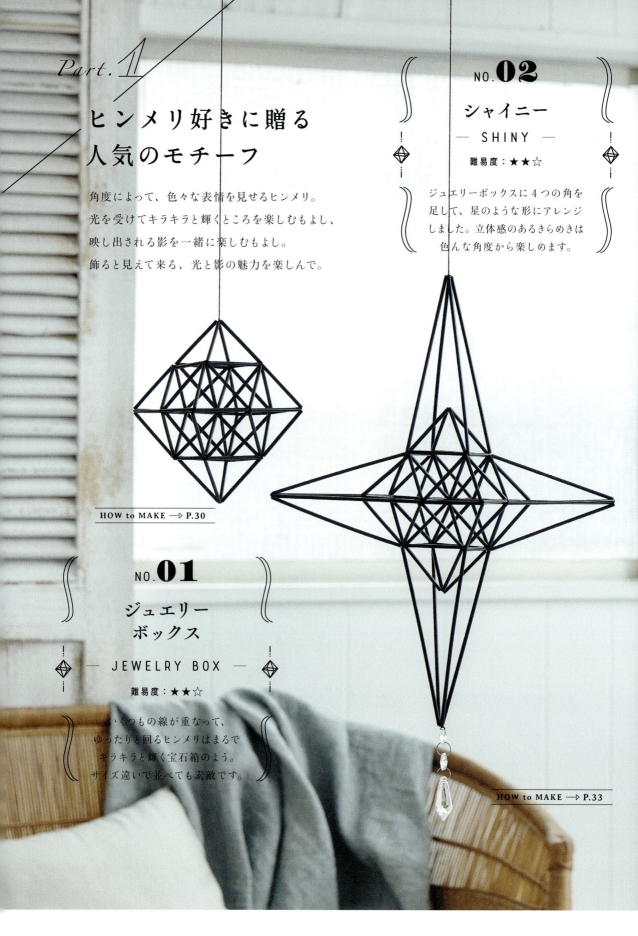

HOW to MAKE → P.30

NO.01
ジュエリーボックス
— JEWELRY BOX —

難易度：★★☆

いくつもの線が重なって、
ゆったりと回るヒンメリはまるで
キラキラと輝く宝石箱のよう。
サイズ違いで並べても素敵です。

HOW to MAKE → P.33

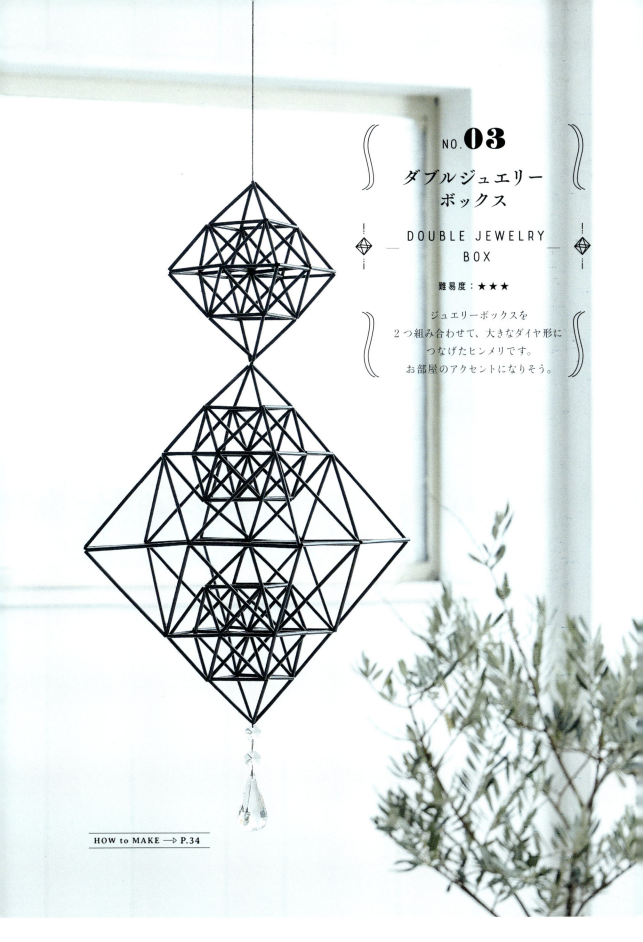

NO.03
ダブルジュエリーボックス

DOUBLE JEWELRY BOX

難易度：★★★

ジュエリーボックスを
2つ組み合わせて、大きなダイヤ形に
つなげたヒンメリです。
お部屋のアクセントになりそう。

HOW to MAKE → P.34

NO.05
雨
— RAIN —

難易度：★★☆

しとしとと降る雨粒の美しさを表現したヒンメリ。クリスタルを飾ってキラキラをプラスすれば、気持ちも晴れやかになりそう。

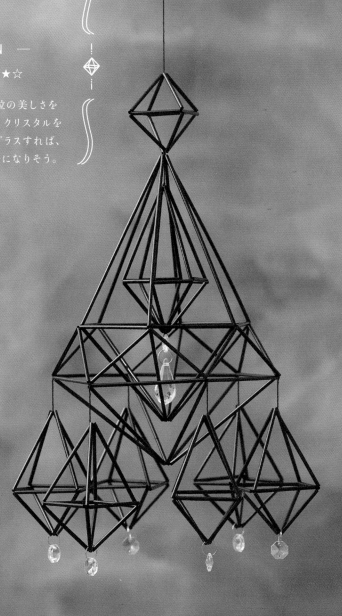

HOW to MAKE ─▷ P.41

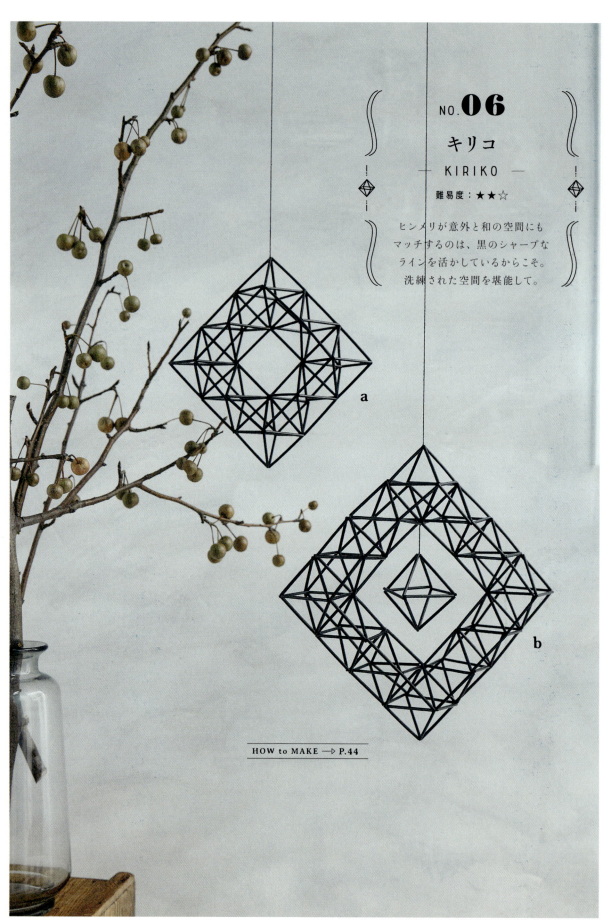

NO.06

キリコ

— KIRIKO —

難易度：★★☆

ヒンメリが意外と和の空間にもマッチするのは、黒のシャープなラインを活かしているからこそ。洗練された空間を堪能して。

a

b

HOW to MAKE → P.44

NO.07
ツリー
— TREE —

難易度：★☆☆

ミニサイズのツリーは子ども部屋のインテリアやクリスマスなどの飾りにしても。ストローの色を替えて作るのもおすすめです。

HOW to MAKE → P.47

NO. 08

ボール
— BALL —

難易度：★☆☆

吊るすだけでなく、
オブジェ感覚でも楽しめるヒンメリ。
食卓のワンシーンや玄関など、
インテリアのポイントとして添えて。

a b

HOW to MAKE → P.49

NO.09
スターボール
― STAR BALL ―

難易度：★★★

ボールに三角錐を足していくと、
コロコロと可愛い金米糖のような
星形に。好みで吊るしても
置いても飾ることができます。

HOW to MAKE → P.51

NO. 10
星
— STAR —
難易度：★☆☆

かわいらしい雰囲気の星形も、
黒のヒンメリなら大人も楽しめる
モチーフに。寝室に飾れば、
きっといい夢が見られるはず。

HOW to MAKE → P.53

NO.11
スターバスケット
— STAR BASKET —

難易度：★☆☆

星形のバスケットはテーブルや
シェルフなどに置いてアクセントに。
エアープランツや
LEDケーブルライトなどを入れても。

HOW to MAKE → P.55

NO.12・13・14
リースアレンジメント
— LEASE ARRANGEMENT —

難易度：★★☆

シンプルながら存在感のあるリースはどんな空間にも合いそう。大きさや形を変えてアレンジしました。季節に応じてドライフラワーなどを添えても。

HOW to MAKE → P.58

12. リース小

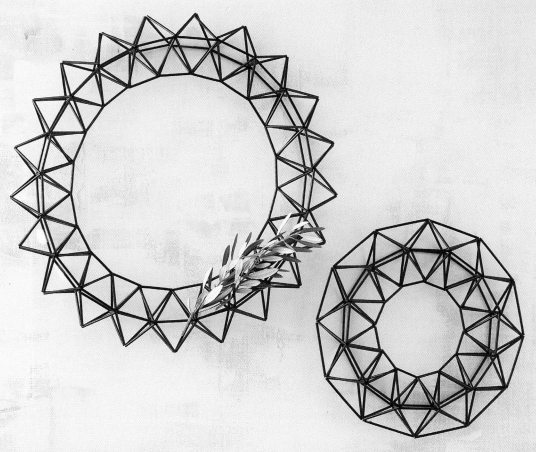

13. リース大

14. 縁取りリース

NO.15
天空の風
― SKY WIND ―

難易度：★★★

8面体やリースなど、
ヒンメリのパーツをたくさん
組み合わせた天空の風。
組み合わせを変えて
オリジナルの作品を
楽しむのもよいでしょう。

HOW to MAKE → P.62

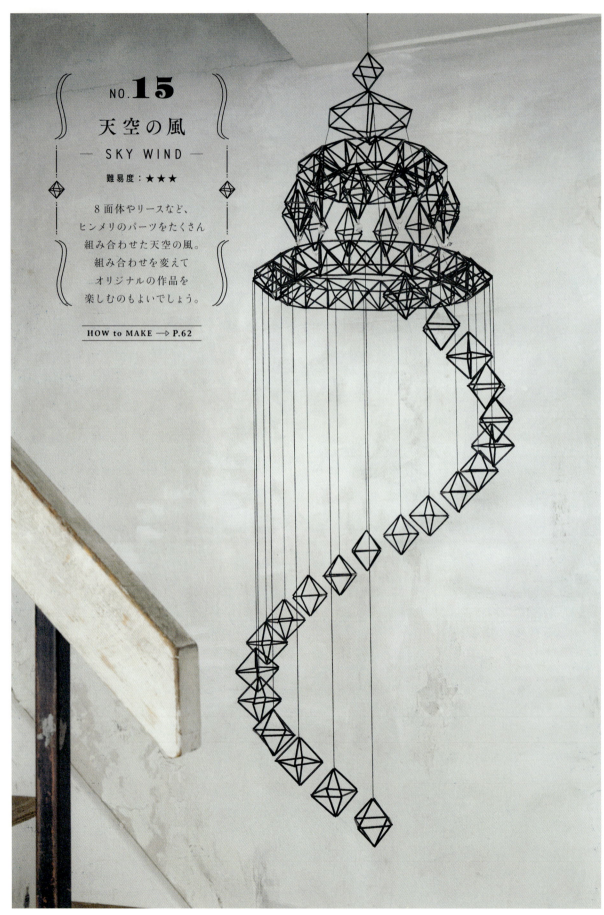

column

ヒンメリの飾り方バリエーション

ヒンメリの細いシャープなラインは、シンプルな空間にぴったり。
日常を彩るヒンメリの楽しみ方を紹介します。

Ooka's Advice

**あらゆるシーンにマッチする
モダンなヒンメリ**

ヒンメリを飾るときは白壁を背景に吊るしたり、シンプルなコーナーに置いたりすると、ヒンメリの直線や幾何学模様の美しいシルエットを楽しむことができます。黒ストローのヒンメリはモダンな雰囲気に仕上がるので、和室や子ども部屋、キッチン、男性の部屋など、あらゆる空間に馴染みます。

1 植物と組み合わせる

リースやバスケットなどは、グリーンやお花を組み合わせるといつもと違う雰囲気に。季節に合った植物や装飾を楽しんでみてください。

2 影を作る

寝室やリビングなどに飾ってヒンメリの「影」の雰囲気を味わいましょう。壁際で照明に合わせて吊ることで、きれいに影が映ります。ゆったりと回るヒンメリの影は、1日の疲れを癒やしてくれます。

3 自然と一緒に愛でる

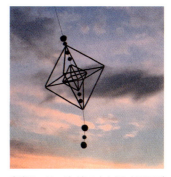

窓際やベランダ、庭の木などに吊り下げて、外の風景と一緒にヒンメリを楽しみましょう。風になびくヒンメリを見ていると、気持ちも和みます。クリスタルをつけると、キラキラとした光も楽しめます。

4 食卓に置いて楽しむ

吊って飾るイメージがあるヒンメリですが、置いてオブジェ感覚で楽しむこともできます。テーブルにアクセントを加え、パーティーや華やかに仕上げたい特別な日のコーディネートにもぴったりです。

5 生地を貼る

好みの布をヒンメリに貼って、いつもと違う「面」を楽しむヒンメリにアレンジ。布は部分的に貼って抜け感を持たせるときれいです。布のほかに、折り紙や和紙、光を通すステンドグラス紙などもおすすめです。

6 複数の作品とつなぐ

小さな作品を長くつなげたものを横に吊るせば、ガーランドとして楽しむこともできます。全体のバランスを見て好みの作品をつないでみましょう。1つずつクルクル回る姿が楽しいです。

Part.2 ヒンメリを作ってみよう

ここでは、基本となる8面体や12面体の作り方、ヒンメリを作る前に
知っておきたい糸の扱い方などを紹介します。まずは、正しい手順を身につけましょう。

◈ 基本の道具と材料

ヒンメリを作るにあたり、必要な道具と材料を紹介します。
少ない道具ですぐにチャレンジ出来るところも魅力です。

定規
ストローを切り揃えるときに使用。家にあるものでOK。

ハサミ
糸を始末するときや、ストローを切り揃えるときに使用。よく切れるものを用意しましょう。

黒ストロー
直径3〜3.5mmくらいの細いサイズがおすすめ。ヒンメリをシャープで美しい印象に仕上げられる。

マスキングテープ
糸を押さえておきたいときやストローを固定するときに(P.44)使用。

針
短いものや長いものを用意しておくと便利。ストローの長さに合わせて使い分ける。ワイヤーを折り畳んで代用してもOK。

ワイヤー
針よりもストローが長い場合、ストローから糸を引き出すときなどに使用。長いものを用意しましょう。

糸
糸の太さは#20くらいの綿糸がおすすめ。色はストローの色に合わせると馴染みます。
※糸の扱い方はP.22参照。

アレンジの材料

オリジナリティのあるヒンメリを作りたいときにおすすめの材料を紹介します。ビーズやクリスタルなど、好みのもので飾ってみましょう。

カラーストロー
好みの色のストローでヒンメリをアレンジしてみましょう。100円ショップやネット通販で購入出来ます。

麦わらストロー
伝統的な麦わらのヒンメリを作ることが出来ます。ナチュラルで優しい印象に仕上がります。

紙ストロー
好みの柄でかわいく仕上げたいときに。プラスチックより重くなるので、8面体など簡単なモチーフがおすすめ。

エアープランツ
ヒンメリにアクセントをプラスしたいときに添えて。植物を加えると雰囲気がグッと変わります。

ウッドビーズ
手芸屋さんや100円ショップなどで購入可能。ヒンメリを仕上げる際に、吊るす糸に通して飾る。

クリスタルビーズ
ウッドビーズ同様、ヒンメリを仕上げる際に吊るす糸に通して飾る。ウッドビーズより、よりモダンな雰囲気に仕上がる。

クリスタル
クリスタルビーズを丸カンでつなぎ、糸を結んだもの。キラキラとした光の反射を楽しめる。つなぎ方はP.43参照。

基本の準備と糸の扱い方

スムーズにヒンメリを作るための下準備と、知っておきたい糸の始末の仕方を紹介します。
すべての作品に共通することなので、しっかりと覚えましょう。

◆ 始める前にやっておくこと

まずは作りたい作品分のストローを準備します。
しっかり揃えて切ることで、仕上がりも美しくなります。

▷ ストローをカットする

1 作りたい作品の材料を参考に、必要な本数のストローを用意する。1本を定規に当て、必要な長さにハサミでカットする。

2 1のストローと2〜3本ストローを合わせ、下の位置をしっかりと揃える。

3 下の位置をしっかりと揃えたまま1と同じ長さにカットする。

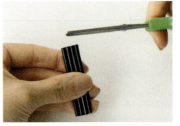

4 ストローを切り揃えました。

> **◀ Point**
> ストローはしっかりと揃えましょう。一度に複数本を切るときは2〜3本がおすすめです。斜めにならないよう垂直に切りましょう。

> **糸の取り方について**
> ● 大きな作品を作る場合は200cmくらいの長さで一旦糸を切ると作業しやすいです。糸が足りなくなったら適宜足しましょう（下記・糸が足りなくなったら参照）。
> ● ヒンメリを吊る糸は30〜50cmほど残しておくといいでしょう。好みの長さで調整してください。
> ● 小さな作品を作る場合は【使用するストローの本数分＋100cm】くらいで糸を切るといいでしょう。糸が長すぎると絡まる原因になります。

◆ きれいに仕上げるための針・糸の扱い方

針の基本的な通し方や、作業の途中で糸が足りなくなったときの始末の仕方、糸の掛け方を紹介します。

ストローは1本ずつ針を通す

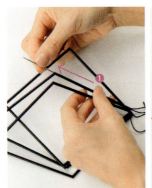
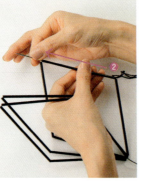

2本まとめて針を通そうとすると、針が先端から出なかったり、糸が絡みやすくなったりするので1辺ずつ針を通す。

❶と❷の間で針を一度引き出します。

糸が足りなくなったら

作業中の糸の端と新しい糸の端を固結びにする。

> **◀ Point**
> 結び目がストローの中に隠れる位置で結びます。

> **◀ Point**
> **1辺が長い場合は針金やワイヤーを使う**
> ストローの1辺が長いヒンメリを作るときはストローよりも長い針やワイヤーを使うか、針のお尻を別の針などで押して通します。
>

◆ 糸の掛け方

ヒンメリの糸がほどけにくくなる掛け方を紹介します。※一度糸を掛けて引き締めた後、一度目に掛けた場所とは違う1番近くの角や辺に糸を掛けるとほどけにくくなります。全ての作業に関わる大切なpointなのでしっかり覚えましょう。

▷ 糸の掛け方

Point
1回目に掛けた辺と違う位置の1辺を拾って糸を掛けることでしっかり固定出来ます。

1 つなぎたいAに近い1辺(赤色)の下から針を通す。

2 Aで糸をしっかりと引き締める。

3 Aにつながれた新しい三角形(青色)の下から針を通す。

4 糸をしっかりと引き締めて固定する。これを毎回行います。

◆ 作り終わったらやること

ヒンメリの最後の糸の結び方、始末の仕方を紹介します。糸の始末をしっかりすることで作品がきれいに仕上がります。

▷ 最後の結び目

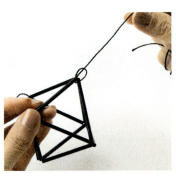

Point 玉留めのイメージです。

1 ヒンメリを吊りたい位置に針を移動させ、引き締める。

2 1の頂点の上に糸で輪を作り、頂点の下から針を通して輪の中に針を通し、針を抜く。

3 糸をしっかり引き締めるとループが小さくなり、しっかり結べる。これでほどけません。

▷ 糸端の始末

Point
最後に、気になるところは指で軽く押して、形を整えましょう。

4 最初につなげて結んだ糸端(吊らない方の糸)を針に通す。

5 針のお尻をストローに押し込む。

6 針を反対側から引き出し、糸をストローの中に隠す。糸が長く、ストローから出る場合はストローの際で切る。

基本の準備と糸の使い方

基本のヒンメリを作る

まずはヒンメリの基本でもある8面体と12面体を作ってみましょう。
慣れてきたら、P.30以降のモチーフにもチャレンジしてみてください。

基本の8面体

難易度：★☆☆

◎材料

ストロー ………… 5cm×12本
糸 ……………………… 適宜

\ Arrange Point /

大きさ違いの8面体を組み合わせてオリジナルのヒンメリを作ることが出来ます！

▷ 三角形を作る

① 針に糸を通し、ストローを3本通す。

② 糸端までストローを移動させ、両手に糸を持つ。

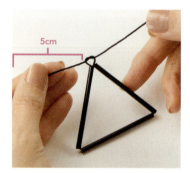

③ 片方の糸が5cmほど残るところで、ストローを合わせて三角形を作り、固結びをする。

▷ 三角形をつないでいく

④ ストローを2本通し、三角形の下から針を通し、●位置に糸を掛ける。角で糸を引き締める。

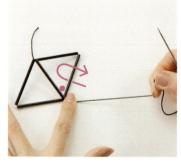

⑤ ④で新しく作った三角形の下から針を通し、角を指で押さえながら●位置で糸を引き締める。これで糸がほどけにくくなります。

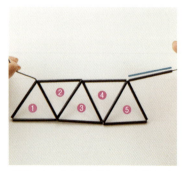

⑥ ④～⑤を繰り返し、三角形を5個作り、最後のストロー（青線）に通す。

▷ 立体にする

ここで8面体の半分が出来ます。

⑦ 3で残した5cmの糸と6で通したストローの糸を合わせ、固結びをする。

⑧ 固結びをしたところから1番近い三角形の1辺に針をくぐらせる。

⑨ 針を出した三角形と向かいの三角形を内側に起こして合わせ、2つの三角形の山の下に通す。

▷ 固定する

Point
三角形に半円を描くイメージで糸をのせ、輪を作ります。

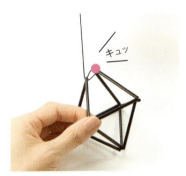

上から見たところ

⑩ 針を抜き、糸を引き締める。

⑪ 10の頂点の上に糸で輪を作り、頂点の下から針を通す。

⑫ 輪の中心から針を抜き、糸を引き締める。

▷ 糸端を始末する

完成！

⑬ 3で残った糸端を針に通す。

⑭ ストローに針のお尻を押し込む。反対側から針を引き出し、糸を隠して形を整える。糸が長い場合はストローの際で切る。

⑮ 8面体が出来ました。

基本のヒンメリを作る

8面体ダイヤ形

難易度：★☆☆

◎ 材料

ストロー ……………… 3.5cm×4本
　　　　　　　　　　　5cm×8本
糸 ……………………… 適宜

─ 針を通す順 ─

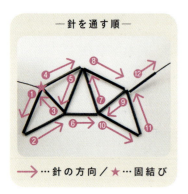

→ …針の方向／★…固結び

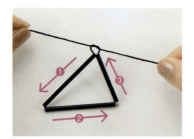

1 5cm、5cm、3.5cmの順にストローに通し、三角形を作り、固結びをする。

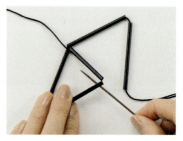

2 5cmのストローを2本通し、1で出来た三角形の下から針を通し、つなぐ。糸の掛け方（P.23）と同様に糸を掛ける。

3 3.5cm、5cmの順にストローに通し、2で作った三角形の下から針を通し、2と同様に糸を掛けて三角形を作る。

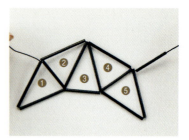

4 針を通す順（左図）の❽〜⓬の順にストローを2本つないでは2と同様に糸を掛けていき、二等辺三角形を5つ作る。基本の8面体の**7〜14**と同様に仕上げる。

8面体しずく形

難易度：★☆☆

◎ 材料

ストロー ……………… 5cm×8本
　　　　　　　　　　　10cm×4本
糸 ……………………… 適宜

─ 針を通す順 ─

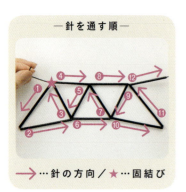

→ …針の方向／★…固結び

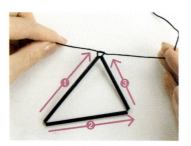

1 ストローを10cm、10cm、5cmの順につなげて、同様に三角形を作り、固結びをする。

2 5cmのストローを2本通す。1で出来た三角形の下から針を通し、基本の8面体（P.24）の**4・5**と同様に糸を掛ける。

3 5cmのストローを2本通し、2で作った三角形の下から針を通し、2と同様に糸を掛ける。

4 針を通す順（左図）の❽〜⓬の順にストローを2本つないでは2と同様に糸を掛けていき、三角形を5つ作る。基本の8面体（P.25）の**7〜14**と同様に仕上げる。

基本のヒンメリを作る

基本の12面体

難易度：★☆☆

◎ 材料
ストロー ……………… 5cm×6本
　　　　　　　　　　　10cm×12本
糸 …………………………………… 適宜

▷ 縦軸を作る　　　　　　▷ 1個目のひし形を作る　　　　　▷ 2・3個目のひし形を作る

1. 10cmのストロー全てをつなげて輪を作り、固結びをする。
2. 結び目に手を通し、4本ずつひし形に巻きつけるようにして束ねる。
3. 結び目と対向になるCを持つ。

▷ ひし形を束ねる

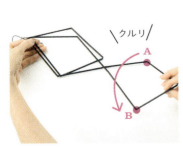
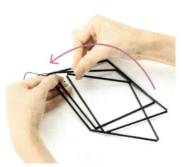

4. 手を内側に返し、交差させてひし形を作る。
5. 4で作ったひし形を矢印の方向へ重ねる。ひし形が3つ出来ました。
6. 結び目の短い方の糸をひし形3つの下に通し、束ねる。

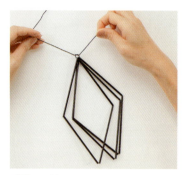
7 固結びをする。

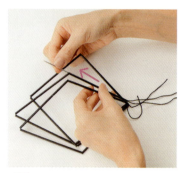
8 近くの1辺に針を通す。

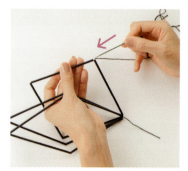
9 一度針を引き出し、次の1辺に通す。

▷ 反対側を束ねる

10 針を引き出し、7の反対側に針を持っていく。

11 ひし形3つの山の下に針を通す。

12 糸を引き締めて束ねる。

▷ 横軸を作る

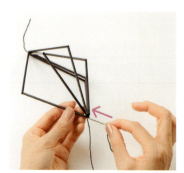
13 近くの1辺に針を通す。

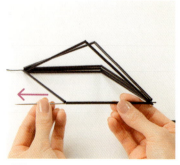
14 針を引き出す。

15 5cmのストロー1本に通す。

28

16 ひし形の山にストローをつける。

17 2つ目のひし形の山を1つ拾い、糸を掛ける。

18 糸を引き締める。

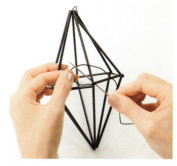

19 5cmのストロー1本に通し、17〜18と同様に糸を掛けていく。

20 19を繰り返し、1周つないでいく。

21 糸で輪を作ってストローの下から通し、結ぶ。

基本のヒンメリを作る

▷ 糸を処理する

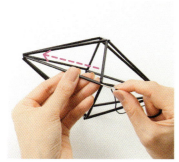

22 糸を引き締め、ひし形の1辺に針を通し、頂点へ移動する。

23 ほどけないように、最後に固結びをする(P.23「最後の結び目」参照)。

24 12面体が出来ました。

NO. 01
ジュエリーボックス
— JEWELRY BOX —

→ P.06

難易度：★★☆

◎材料
ストロー ………… 5cm×60本
糸 ……………………………… 適宜

▷ 8面体を作る

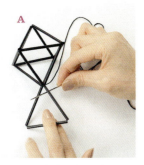

1 基本の8面体（P.24）と同様に8面体**A**を作り、ストローを3本つなげて8面体に糸を掛ける。

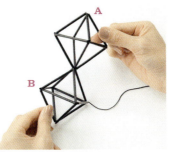

2 基本の8面体（P.24）と同様に8面体**B**を作る。

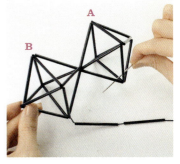

3 ストローを2本通し、3つ目の8面体を作っていく。

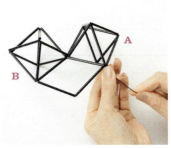

4 8面体**A**の頂点に糸を掛け、引き締める。

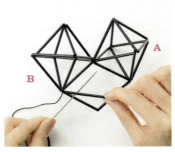

5 もう一度**3**〜**4**を行い、糸を掛ける。

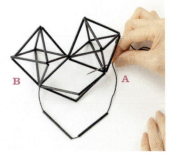

6 **3**〜**4**を繰り返し、山を3つ作る。

7 中心に向かって針をくぐらせる。

8 ストロー1本に通し、1つ目の山を拾って糸を掛ける。

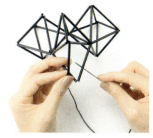

9 ストロー1本に通し、2つ目の山を拾って糸を掛け、ストロー1本に通して3つ目の山に糸を掛ける。

Point
中心がずれないようにしっかり糸を引き締めましょう。

▷ 4つ目の8面体を作る

10 ストロー1本に針を通し、中心に糸を掛ける。

11 糸を引き締めて形を整える。8面体が3つ出来ました。

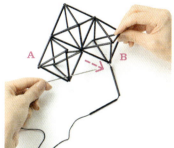

12 中心から8面体**B**の1辺に針をくぐらせ、引き出す。ストロー2本を通し、8面体**A**の頂点に糸を掛ける。

13 4〜6と同様に山を3つ作る。

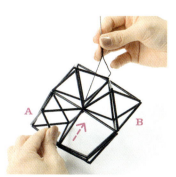

14 8面体**A**の1辺に針をくぐらせ、中心から針を引き出す。

15 8〜10と同様に山を拾って糸を掛けていく。

---- ▷ 四角形を作る ----

⑯ 8面体が4つ出来ました。

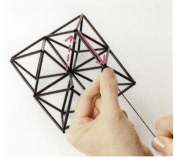

⑰ 中心から8面体の1辺に針をくぐらせる。ストロー1本に通し、隣の8面体の頂点の位置に糸を掛ける。

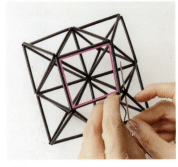

⑱ さらにストロー1本に通し、隣の8面体の頂点の位置に糸を掛ける。これを繰り返し、四角形を作る。

▷ 角を仕上げる ――――――――― ▷ 反対側の角を仕上げる

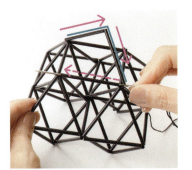

⑲ ストローを2本つなぎ、対角に糸を掛けて山を作り、⑱で作った四角形の1辺に針をくぐらせる。

⑳ ストロー1本に通し、頂点の位置に糸を掛け、またストロー1本に通し、対角に糸を掛ける。

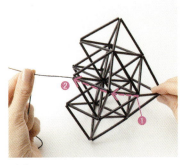

㉑ ❶→❷の順に針をくぐらせ、反対側に糸を持っていく。

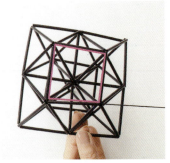

㉒ ⑰〜⑱と同様に反対側にも四角形を作る。

完成！

㉓ ⑲〜⑳と同様にしてジュエリーボックスの角を作る。吊りたい位置に糸を持っていき、ほどけないように、最後に固結びをする（P.23「最後の結び目」参照）。ジュエリーボックスが出来ました。

NO. 02
シャイニー
— SHINY —

難易度：★★☆

◎ 材料

【ジュエリーボックス (P.30)】
ストロー……………5cm × 60本
糸……………………………適宜

【シャイニー】
ストロー……………12cm × 8本
　　　　　　　　　15cm × 8本
糸……………………………適宜

→ P.06

▷ 1つ目の角を作る

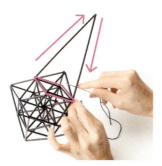

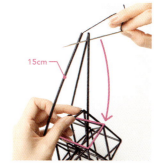

1 ジュエリーボックス (P.30) を1つ作り、赤い四角形の角から15cmのストローを2本つなぎ、対角に糸を掛ける。

2 四角形の1辺を通って針をくぐらせ、移動させる。

3 15cmのストロー1本に通し、1で作った山に糸を掛ける。さらに15cmのストロー1本に通し、対角に糸を掛ける。

▷ 2つ目の角を作る　　▷ 反対側の角を仕上げる

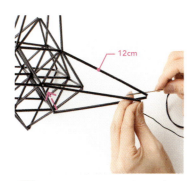

Point
4つの角は好きな長さにアレンジしてもOKです。

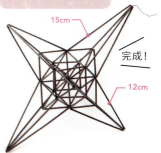

完成！

4 12cmのストローを2本つなぎ、対角に糸を掛ける。四角形の1辺をくぐらせ、糸を引き出し、12cmのストロー1本に通し、対角に掛ける。

5 四角形の1辺に針を通し、2～3を繰り返し、それぞれが対称になるように15cmと12cmの山を交互に作る。

6 吊りたい位置に糸を持っていき、ほどけないように、最後に固結びをする (P.23「最後の結び目」参照)。シャイニーが出来ました。

NO. 03
ダブルジュエリーボックス
― BOUBLE JEWELRY BOX ―

→ P.07

難易度：★★★

◎材料

【ジュエリーボックス（P.30）2つ分】
ストロー……（5cm×60本）×2つ分
糸…………………………………適宜

【ダブルジュエリーボックス】
ストロー……………10cm×36本
糸…………………………………適宜

※P.07の作品はP.30のジュエリーボックス1つをつないでアレンジしています。

▷ ジュエリーボックスをつなげる

1 ジュエリーボックス(P.30)を2つ作る。

2 片方のジュエリーボックスの糸をもうひとつのジュエリーボックスに掛け、2つをつなげる。

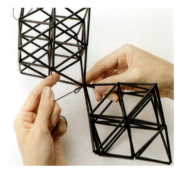

3 ほどけないように、最後に固結びをする（P.23「最後の結び目」参照）。長い方の糸の端を針に通す。

▷ 8面体を作る

Point
一気に2辺分を通そうとすると針が埋もれてしまうので1辺ずつ通します。

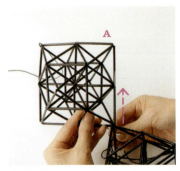

4 ジュエリーボックス**A**の1辺に針をくぐらせる。

5 一度針を引き出し、さらにもう1辺に針をくぐらせる。

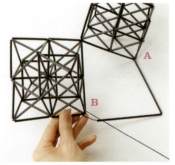

6 ストローを2本つなげて山を作り、ジュエリーボックス**B**に糸を掛け、引き締める。

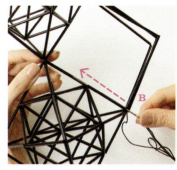

7 10cmのストローを2本つなげて山を作り、ジュエリーボックスAに糸を掛け、引き締める。

8 もう一度6を行い、山を3つ作る。

9 ジュエリーボックスBの1辺に針をくぐらせ、一度針を引き出す。

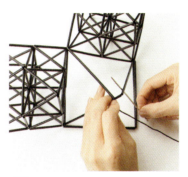

10 もう1辺に針を通し、中心から針を引き出す。

11 10cmのストロー1本に通し、1つ目の山を拾って糸を掛ける。

12 さらに10cmのストロー1本に通し、2つ目の山を拾って糸を掛ける。

▷ 8面体の2つ目を作る

13 同様に10cmのストローに通し、3つ目の山を拾って糸を掛ける。また、10cmのストロー1本に通し、中心に戻って糸を掛ける。

14 8面体が出来ました。

15 対角も同様に4〜13を行い、8面体を作る。

▷ **8面体の3つ目を作る** --- ▷ **角を仕上げる** ---

⬡ 16　**15**の中心で引き締めた糸は矢印の方向へ引き出し、8面体の頂点に移動する。

⬡ 17　ジュエリーボックス（P.32）の**22**と同様に四角形を作る。

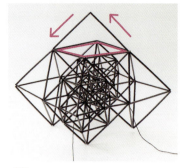

⬡ 18　10cmのストローを2本通し、山を作る。

--- ▷ **反対側も同様に編む** ---

⬡ 19　針を点線の矢印の方向へくぐらせ、10cmのストロー1本に通して**18**で作った山に糸を掛ける。

⬡ 20　さらに10cmのストロー1本に通して四角形の対角に糸を掛け、引き締める。8面体が出来ました。

⬡ 24　反対側も**16〜20**と同様に行う。吊りたい位置に糸を通して持っていき、ほどけないように、最後に固結びをする（P.23「最後の結び目」参照）。ジュエリーボックスが出来ました。

Arrange Point

P.07のダブルジュエリーボックスはP.30のジュエリーボックスをつないでアレンジしています。

NO. 04

太陽
― SUN ―

難易度：★★★

◎ 材料

【太陽a】
ストロー ………… 5cm×12本
　　　　　　　　　5.5cm×36本
　　　　　　　　　7.8cm×6本
　　　　　　　　　8cm×18本
　　　　　　　　　9.5cm×12本
　　　　　　　　　13cm×24本
糸 …………………………… 適宜

【太陽b】
ストロー ………… 3.5cm×12本
　　　　　　　　　4cm×36本
　　　　　　　　　5.3cm×6本
　　　　　　　　　5.5cm×18本
　　　　　　　　　6.8cm×12本
　　　　　　　　　9cm×24本
糸 …………………………… 適宜

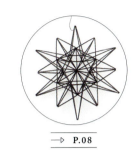
→ P.08

▷ 中心を作る

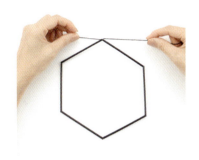

1 8cmのストローを6本つなげて六角形を作り、固結びをする。

2 8cmのストローを2本つなげて六角形に糸を掛け、外側に三角形を作る。

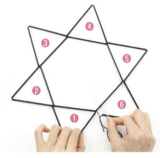

3 2を繰り返し、三角形を6つ作る。

▷ 内側に三角形を作る

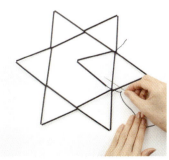

4 7.8cmのストローを2本つなげて六角形の頂点に糸を掛け、内側に三角形を作る。

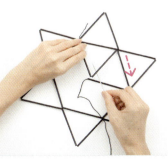

5 六角形の1辺に針をくぐらせて出し、7.8cmのストロー1本に通して4で作った三角形に糸を掛ける。

6 糸を引き締めて2つ目の三角形が出来ました。

 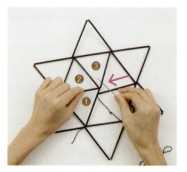 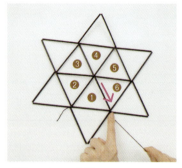

7 ストロー1本に通して六角形の頂点の位置に糸を掛け、3つ目の三角形を作る。矢印の方向に針をくぐらせる。

8 7.8cmのストロー1本に通して7で作った三角形に糸を掛ける。

9 7.8cmの最後のストローに通して六角形の頂点の位置に糸を掛け、引き締める。内側に六角形が6つ出来ました。

▷ 片面を編んでいく

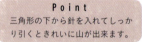

Point
三角形の下から針を入れてしっかり引くときれいに山が出来ます。

 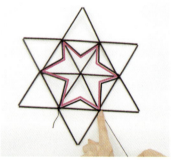 

10 5.5cmのストローを2本つなげて六角形に糸を掛け、三角形を作る。

11 10を繰り返し、三角形を6つ作る。

12 1周したら11で作った三角形の1辺に針をくぐらせる。

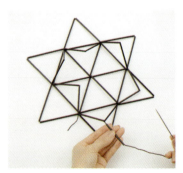 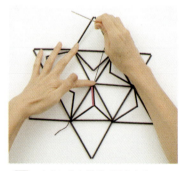 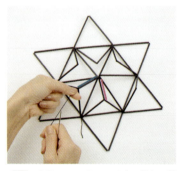

13 5.5cmのストロー1本に通す。

14 中心に糸を掛けて固定する。

15 5.5cmのストロー1本に通し、隣の三角形に糸を掛ける。

------ ▷ 六角形を作る ------

16 ❸〜❹の順に針をくぐらせ、❺〜❻の順に 14〜15 を繰り返す。これを❿まで行い、一周する。
（S）＝スタート
（G）＝ゴール

17 5cmのストロー1本に通す。

18 隣の三角形の頂点の位置に糸を掛ける。

------ ▷ 角を仕上げる ------

19 針に9.5cmのストローを1本通し、外側の三角形に糸を掛け、引き締める。

20 19の9.5cmのストローに針をくぐらせ、戻す。

21 5cmのストロー1本に通し、隣の三角形の頂点の位置に糸を掛ける。

------ ▷ もう片面を編んでいく ------

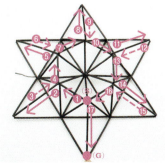

22 ❺〜❼の順に 18〜20 を繰り返し、中心に六角形を作る。
（S）＝スタート
（G）＝ゴール

23 裏返して、針を●位置に戻す。

24 もう片面も 10〜22 と同様に行い、編んでいく。

▷ 角を足す

㉕ 両面が編めました。

㉖ 針を●位置に戻し、13cmのストローを2本通す。

㉗ 22で作った六角形の角に糸を掛け、三角形を作る。

㉘ これを繰り返し、6つの三角形を作る。表面が編めました。

㉙ 三角形の1辺（赤色）に針を通し、針を裏側に出す（青色）。

㉚ 裏返しました。13cmのストロー1本に通し、28の三角形の山に糸を掛ける。

㉛ さらに13cmのストロー1本に通し、六角形の角に糸を掛ける。

㉜ 30〜31を繰り返し、6つの角を作る。

㉝ 吊りたい位置に糸を持っていき、ほどけないように、最後に固結びをする（P.23「最後の結び目」参照）。太陽aが出来ました。太陽bは【太陽b】の材料を使って太陽aと同様に作る。

NO. 05

雨
― RAIN ―

→ P.09

難易度：★★☆

◎材料

【雨のパーツ】
ストロー ……………… 6cm×12本
　　　　　　　　　　7cm×6本
　　　　　　　　　　9cm×6本
　　　　　　　　　　10cm×6本
　　　　　　　　　　11cm×6本
　　　　　　　　　　15cm×6本
糸 ……………………………… 適宜

【8面体】
ストロー ……………… 4cm×12本
糸 ……………………………… 適宜

【12面体しずく形】(中心部分)
ストロー ……………… 3.5cm×6本
　　　　　　　　　　5cm×6本
　　　　　　　　　　8cm×6本
糸 ……………………………… 適宜

【8面体しずく形】
ストロー …(5cm×8本)×6つ分
　　　　　（7cm×4本)×6つ分
糸 ……………………………… 適宜

▷ 雨のパーツを作る

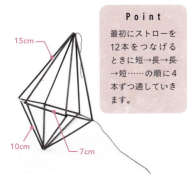

Point
最初にストローを12本つなげるときに短→長→長→短……の順に4本ずつ通していきます。

1 【雨のパーツ】のストローの一部を使って、12面体しずく形を作る。作り方は基本の12面体(P.27)と同様にしてストローの長さを変える。

2 6cmのストローを2本通し、三角形の角（●位置）に糸を掛ける。

3 2を繰り返し、三角形を6つ作る。

4 3の三角形の1辺に針をくぐらせる。

5 9cmのストロー1本に通す。

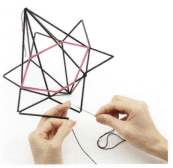

6 隣の三角形の角に糸を掛ける。

⑦ 糸を引き締める。

⑧ 1つ目がつながれた状態。

⑨ 5～7を繰り返し、1周つなぐ。

⑩ 11cmのストローを2本つないで、9で作った三角形の角（●位置）に糸を掛ける。

⑪ 隣の1辺に針をくぐらせる。

⑫ 11cmのストロー1本に通し、10で作った三角形の角（●位置）に糸を掛ける。

▷ 反対側の角を仕上げる

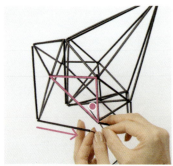
⑬ 11cmのストロー1本に通し、9で作った三角形の角（●位置）に糸を掛ける。

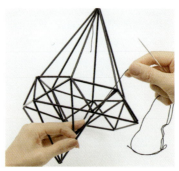
⑭ 糸を引き締める。

⑮ 隣の1辺に針をくぐらせる。

▷ パーツを作る　　　　▷ パーツをつなぐ

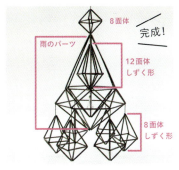

⬢ 16　12〜14を繰り返し、1周つなぐ。雨のパーツが出来ました。

⬢ 17　【8面体】【12面体しずく形】【8面体しずく形】の材料を使って8面体(P.24) 1つ、8面体しずく形(P.26) 6つ、12面体しずく形(P.27) 1つを作る。

⬢ 18　それぞれを図の位置にパーツをつなぐ。雨が出来ました。

クリスタルのつなぎ方

⬢ 1　クリスタルを用意する(好みのものでOK)。

⬢ 2　つなぎたいヒンメリの下から中心に向かってクリスタイルをつないだ糸を入れる。

⬢ 3　中で交差する。

⬢ 4　糸を引き締め、外側で固結びをする。

⬢ 5　2本の糸端はそれぞれ針に通し、針のお尻の方からストローの中に押し込んで糸を始末する。

⬢ 6　クリスタルがつながりました。

NO. 06
キリコ
— KIRIKO —

難易度：★★☆
◎材料
【キリコa】
ストロー……5cm×104本
糸………………………適宜

→ P.10

難易度：★★☆
◎材料
【キリコb】
ストロー………5cm×156本
糸………………………適宜
【基本の8面体】
ストロー………5cm×12本
糸………………………適宜

→ P.10

▷ キリコaを作る ――――▷ 四角形を作る ――――

1 【キリコa】のストローを12本つなげて輪を作る。

2 1辺が3本ずつになるように四角形を作り、マスキングテープを貼って固定する。このとき結び目が角に来ないようにする。

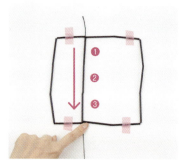

3 ストローを3本つなげて四角形の1辺に糸を掛ける。

▷ 反対側の角を仕上げる ――――

4 四角形の1辺に針をくぐらせる。

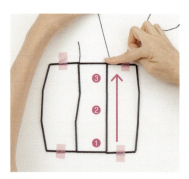

5 ストローを3本つなげて四角形の1辺に糸を掛ける。

6 ❶→❷の順でストローに針をくぐらせ、針を移動させる。

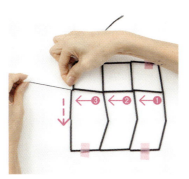
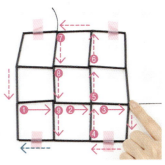

7 5cmのストロー1本に通して5の1辺に糸を掛ける。

8 7を繰り返して四角形を作っていく。--->の向きに針をストローにくぐらせる。

9 ストロー1本に通し、図の番号の順に糸を掛けて固定する。❾まで通せたら青の矢印の方向へ針をくぐらせる。

▷ 片面を編む

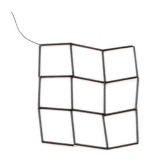

10 格子が編めました。

11 ストロー2本に通し、対角に糸を掛けて山を作る。

12 四角形の1辺に針をくぐらせる。

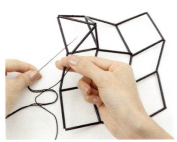

13 ストロー1本に通し、12で作った山に糸を掛ける。またストロー1本に通し、対角に糸を掛ける。

14 11と同様に針にストローを2本つなぎ、対角に糸を掛けて山を作り、四角形の1辺に針をくぐらせる。

15 ストロー1本に通し、山に糸を掛け、またストロー1本に通し、対角に糸を掛ける。

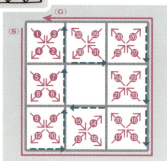

16　❾〜㉜の順に 11〜15 を繰り返して8つ埋める。中心は開けておく。
(S)=スタート
(G)=ゴール

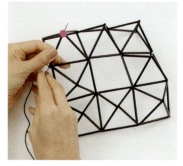

17　●位置の頂点に針を出す。

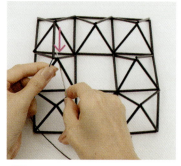

18　ストロー1本に通し、隣の山の頂点の位置に糸を掛ける。

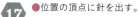

▷ もう片面を編む

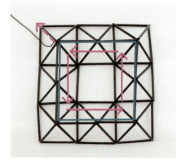

19　18を繰り返し、四角形を作り、1辺に針をくぐらせ移動させる。表面が出来ました。

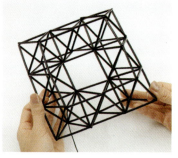

20　もう片面も 11〜19 と同様に編む。

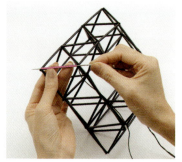

21　山の1辺に針をくぐらせ、頂点に糸を持っていく。

▷ キリコbの作り方

22　ほどけないように、最後に固結びをする(P.23「最後の結び目」参照)。キリコaが出来ました。

23　【基本の8面体】のストローを使って基本の8面体(P.24)を作る。

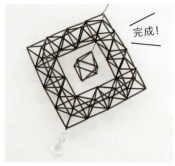

24　【キリコb】のストローを使って1で16本つないで1辺が4つになるように編み、23をつなぐ。キリコbが出来ました。好みでクリスタルをつなぐ(P.43参照)。

NO. 07
ツリー
— TREE —

難易度：★☆☆

◎材料

ストロー	5cm×6本	【幹】	
	8cm×6本	ストロー	3cm×3本
	9cm×6本		8cm×3本
		糸	適宜

→ P.11

▷ 9cmの三角錐を作る

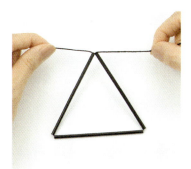

1. 9cmのストローを3本つなぎ、三角形を作って固結びをする。
2. 9cmのストローを2本通し、1の三角形の1辺に糸を掛ける。
3. 2で出来た三角形の頂点に向かって針をくぐらせ、9cmのストロー1本に通す。

▷ 8cmと5cmの三角錐を作る

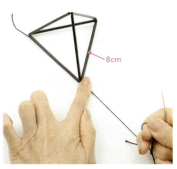

4. 1の三角形の1辺に糸を掛け、糸を引き締める。輪を作って結び、9cmの三角錐を1つ作る。
5. 1〜4と同様に8cmのストローを使った三角錐を1つ作る。
6. 1〜4と同様に5cmのストローを使った三角錐を1つ作る。

▷ 幹を作る

⑦ 8cm、8cm、3cmの順にストローに通す。

⑧ 三角形を作って固結びをする。

⑨ 3cmのストローを2本通し、⑧の三角形の角（●位置）に糸を掛ける。糸を引き締め、矢印の方向に針をくぐらせる。

▷ パーツを揃える　　▷ パーツを組み立てる

⑩ 8cmのストローに通し、⑧の三角形の頂点の位置に糸を掛け、糸を引き締める。

⑪ パーツが4つ出来ました。それぞれ、ほどけないように、最後に固結びをする（P.23「最後の結び目」参照）。

⑫ ⑩の幹のパーツの糸を9cmの1番大きな三角錐に通す。

⑬ 三角錐の頂点の位置で幹の糸をクルリと巻く。

⑭ 固結びをして8cmの三角錐、5cmの三角錐の順につなぐ。都度、不要な糸の始末（P.23）をする。

⑮ ツリーが出来ました。

48

NO. 08
ボール
— BALL —

難易度：★☆☆

◎材料

【ボールa】
ストロー............8cm × 30本
糸....................適宜

【ボールb】
ストロー............6cm × 30本
糸....................適宜

→ P.12

▷ 五角錐を作る

1. 【ボールb】のストローを5本つなげて五角形を作り、固結びをする。

2. ストローを2本通し、五角形の1辺に糸を掛け、内側に山を作る。五角形の1辺に針をくぐらせる。これを繰り返す（P.55参照）。

3. 五角錐を2つ作る。五角錐のAは糸の始末をしておく。

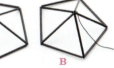

▷ 五角錐をつなぐ

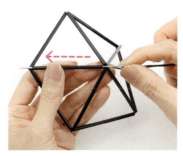
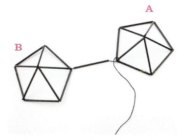

4. 五角錐Bの中心から1辺に針をくぐらせ、移動させる。

5. ストロー1本に通し、五角錐Aの角に糸を掛けてつなぐ。

6. ストロー1本に通し、Bの角に糸を掛け、三角形を作る。

49

▷ ボール型にしていく

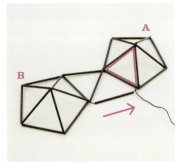

7 ストローを1本通して五角錐Aの赤い三角形に下から針を通し、つなぐ。

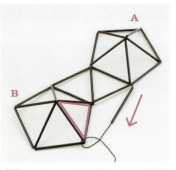

8 ストロー1本に通して、五角錐Bの赤い三角形に下から針を通し、つなぐ。

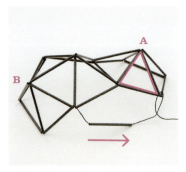

9 ストロー1本に通して、五角錐Aの赤い三角形の下から針を通し、つなぐ。

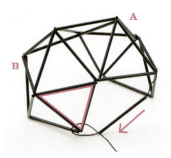

10 ストロー1本に通して、五角錐Bの赤い三角形に下から針を通し、つなぐ。

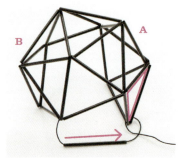

11 ストロー1本に通して、五角錐Aの赤い三角形の下から針を通し、つなぐ。

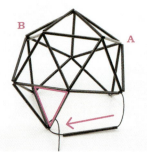

12 ストロー1本に通して、五角錐Bの赤い三角形に下から針を通し、つなぐ。

> **Point**
> ストローがずれないように糸をしっかり引き締めて形を整えながらつなぎましょう。

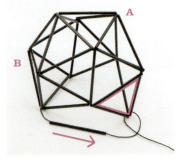

13 ストロー1本に通して、五角錐Aの赤い三角形の下から針を通し、つなぐ。

14 ストロー1本に通して、五角錐Bの赤い三角形の下から針を通し、つなぐ。

15 ほどけないように、最後に固結びをする（P.23「最後の結び目」参照）。ボールbが出来ました。ボールaは【ボールa】の材料を使ってボールbと同様に作る。

50

NO. 09
スターボール
― STAR BALL ―

難易度：★★★

◎材料

【ボールb（P.49）】
ストロー ……………… 6cm × 30本
糸 …………………………… 適宜

【トゲ部分】
ストロー ……………… 7.5cm × 60本
糸 …………………………… 適宜

→ P.13

▷ ボールを作る ――――――▷ スターのベースを作る ――――――

1 【ボールb】のストローを使ってボール（P.49）を1つ作る。

2 【トゲ部分】7.5mmのストローを2本つなぎ、五角形（赤線）の角に糸を掛ける。

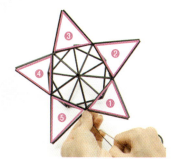

3 2を繰り返して五角形を囲むように三角形を5つ作る。

▷ 五角形に三角錐を足す ――――――

4 3の五角形の内側の1辺に針をくぐらせて中心から針を引き出す。

5 ストロー（青線）1本に通し、3の三角形の頂点の位置に糸を掛ける。

6 5で足したストローに針をくぐらせて針をボールの中心（●位置）に戻す。

> Point
> 中心がゆるまないように手でしっかり引きながら糸を掛けます。

▷ 2つ目の五角形に三角錐を足す

⑦ 5〜6を繰り返し、1周したら中心に糸を掛け、引き締める。これにより、中心の浮きを押さえられる。

⑧ 7で編んだところの隣の五角形（赤色）を編んでいく。

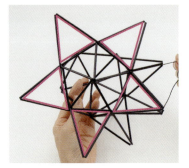

⑨ 3と同様に三角形を5つ作る。

▷ 3つ目の五角形に三角錐を足す

⑩ 4〜7と同様に三角錐を作っていく。

⑪ 2つの五角形に三角錐を足した状態。同様にして（青色）の五角形を編んでいく。

⑫ 3つの五角形に三角錐を足した状態。

> Point
> 五角形を埋めていくと空いている三角形が5つ出来るので三角錐を作って埋めていきます。

⑬ 三角錐の1辺に針をくぐらせ、黄色の三角形の角（●位置）に針を移動させる。

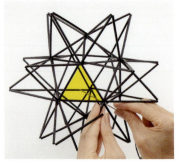

⑭ 7.5cmのストロー3本で三角形（黄色）にP.33の1〜3と同様に隙間を埋めていく要領で角を作る。

完成！

⑮ 吊りたい位置に糸を持っていき、ほどけないように、最後に固結びをする（P.23「最後の結び目」参照）。スターボールが出来ました。

NO. 10
星
— STAR —

難易度：★☆☆

◎材料

【星a】
ストロー ………… 5cm×15本
　　　　　　　　　6.5cm×10本
　　　　　　　　　10cm×10本
糸 ……………………………… 適宜

【星b】
ストロー ………… 4cm×15本
　　　　　　　　　5cm×10本
　　　　　　　　　7.8cm×10本
糸 ……………………………… 適宜

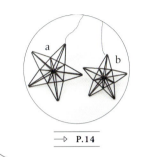

▷ P.14

▷ 星aの五角形を作る

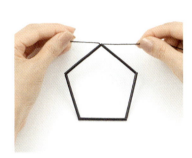

1 5cmのストローを5本つなげて五角形を作り、固結びをする。

2 5cmのストロー2本をつなげて五角形の1辺に糸を掛け、隣の頂点に向かって針をくぐらせる。

3 内側に三角形を5個作る（P.55参照）。

▷ 五角錐の反対側を編む　　　　　　　　　　　　　　▷ 星形を作る

4 五角錐の中心から1辺に針をくぐらせる。

5 2〜3と同様に反対側も五角錐を作る。

6 6.5cmのストローを2本通して五角形の隣の角に糸を掛ける。

━━━━━━━━━━━━━━━▷ 片面を編む ━━━━━━━━━━━━━━━

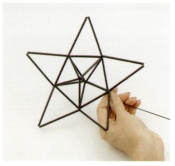

⑦ 6を繰り返し、三角形を5つ作る。

⑧ 五角形の1辺に針をくぐらせ、中心に針をくぐらせる。

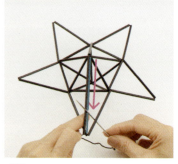

⑨ 10cmのストロー1本に通し、7の三角形の角に糸を掛け、引き締める。

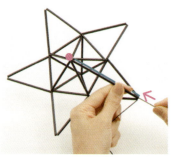

⑩ 9で足した10cmのストローに針をくぐらせ、中心（●位置）に針を戻す。

⑪ 10cmのストロー1本に通し、10の隣の三角形の角に糸を掛ける。

⑫ 10〜11を繰り返し、1周する。

━━━━━━━━▷ もう片面を編む ━━━━━━━▷ 星bの作り方 ━━━━━━━

⑬ 片面が編めました。裏返します。

完成！

⑭ もう片面の中心まで針を通し、9〜12と同様に編む。ほどけないように、最後に固結びをする(P.23「最後の結び目」参照)。星aが出来ました。

完成！

⑮ 星bは【星b】の材料を使って、1〜14と同様に作る。星bが出来ました。

NO. 11
スターバスケット
― STAR BASKET ―

→ P.15

難易度：★☆☆

◎材料

ストロー ……………… 6cm×25本
　　　　　　　　　　　9.5cm×10本
　　　　　　　　　　　11cm×5本
　　　　　　　　　　　15cm×5本
糸 ……………………… 適宜

▷ 五角形を作る

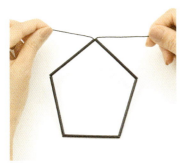

1 6cmのストローを5本つなぎ、五角形を作って固結びをする。

2 6cmのストローを2本つなぎ、山を作り、五角形の1辺に糸を掛ける。

3 隣の角に向かってに針をくぐらせる。

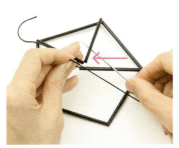

4 6cmのストロー1本に通し、**2**の三角形の1辺に糸を掛ける。

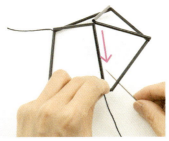

5 6cmのストロー1本に通し、五角形の角に糸を掛ける。

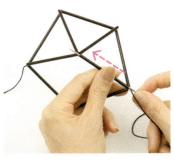

6 **5**で通したストローに針をくぐらせ、中心に針を戻す。

▷ 外側に五角形を作る

7 6cmのストロー1本に通し、五角形の角に糸を掛ける。

8 短い糸に針をつけ替え、糸を始末する。

9 6cmのストローを4本つなぎ、隣の1辺に糸を掛ける。

10 9の五角形の1辺に針をくぐらせる。

11 6cmのストローを3本つなぎ、隣の角に糸を掛ける。

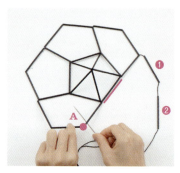

12 11を繰り返す。五角形の最後の1辺（赤色）になったら、6cmのストローを2本通す。

▷ ラインを足す

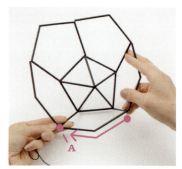

13 Aに糸をかけて1周つなげる（立体に起き上がって来ます）。

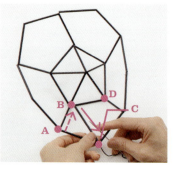

14 AからBに向かって針をくぐらせ、Bから針を引き出す。9.5cmのストローを1本に通し、Cの辺に糸を掛ける。

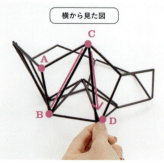

15 9.5cmのストロー1本に通し、Dに糸を掛ける。

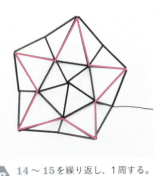

16 14〜15を繰り返し、1周する。

17 針を矢印の方向にくぐらせる。

18 11cmのストロー1本に通し、隣の三角形の頂点の位置に糸を掛ける。

▷ バスケットをつなぐ

▷ バスケットをとじる

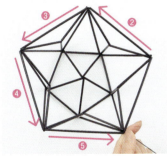

19 18を繰り返して1周する。

20 15cmのストローを2本つないで隣の三角形の角に糸を掛ける。

21 P55、56の 3〜7 と同様にストローを足してつないでいく。

Point
バスケットを吊るしたい場合は、吊るし糸として糸を残します。

22 ほどけないように、最後に固結びをする（P.23「最後の結び目」参照）。

23 糸の始末をする。スターバスケットが出来ました。

Arrange Point

花を入れて飾ったり、22で吊るし糸を残して、吊って飾ったりできます。季節の花などを入れてアレンジしてもいいでしょう。

NO. 12・13・14
リースアレンジメント
― LEASE ARRANGEMENT ―

リース小	リース大	縁取りリース
難易度：★★☆	難易度：★★☆	難易度：★★☆
◎材料	◎材料	◎材料
ストロー	ストロー	ストロー
…3cm×12本	…4cm×21本	…3cm×12本
…5cm×132本	…5cm×231本	…5cm×132本
糸…適宜	糸…適宜	…6.8cm×12本
→ P.16	→ P.17	糸…適宜
		→ P.17

▷ 四角形を作る ・・・・・▷ 山を作っていく

① 5cmのストローを4本つなぎ、固結びをして四角形を作る。短い糸の始末をする。

② 5cmのストローを2本つなげて山を作り、対角に糸を掛ける。

③ 5cmのストローを3本つなげて隣の角に糸を掛ける。

④ 5cmのストローを2本つなぐ。

⑤ 糸を引き締めて山を作り、対角に糸を掛ける。

⑥ 2〜5を繰り返し、山を11個作る。

▷ 山を交差させる

⑦ 最後の山を作ったら端の四角の1辺に針をくぐらせる。

⑧ 5cmのストロー1本に通し、山に糸を掛ける。

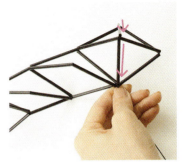
⑨ 5cmのストロー1本に通し、対角に糸を掛けて山を作る。

Point
2と対向になるイメージで山を作ります。

⑩ 8〜9と同様にストローを1本ずつ通して山と交差させる。

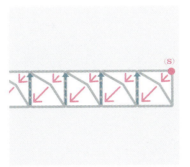
⑪ 矢印の方向にストローを通していく。
(S)＝スタート

⑫ 11を参考に10を繰り返して1列の角を作る。表面が出来ました。

▷ もう片面に山を作っていく

⑬ 裏面も2と同様にストローを2本つなげて山を作り、対角に糸を掛ける。

⑭ 糸を掛けたところからストローを2本ずつつなぎ、対角に糸を掛けて山を作る。

⑮ 13〜14を繰り返して互い違いに1列山を作る。

▷ 山を交差させる

16 四角の1辺に針をくぐらせ、5cmのストロー1本に通して山に糸を掛ける。

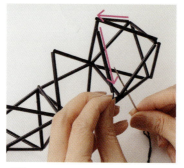

17 5cmのストロー1本を通し、対角に糸を掛ける。

18 16〜17を繰り返し、表・裏両面が出来ました。

▷ リースをつなげる   ▷ 角を仕上げる

19 11個の連続する8面体が出来たら5cmのストロー1本に通し、1個目の8面体に糸を掛ける。

20 針を矢印の方向へくぐらせて引き出す。5cmのストロー1本に通し、11個目の8面体の●位置に糸を掛ける。

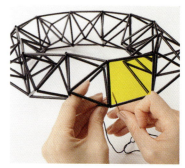

21 糸を引き締める。輪になりました。

22 5cmのストローを内側に2本通す。

23 山を作って対角に糸を掛ける。

24 青線に針をくぐらせ、5cmのストロー1本に通し、山（●位置）に糸を掛ける。1本に通して対角に糸を掛けて山を作る。

▷ 内側をつなぐ

25 同様に24の裏にも角を作る。

26 リースがつながりました。

27 内側の8面体の頂点に向かって針をくぐらせる。

▷ リース大を作る

28 3cmのストローを1本通す。

29 隣の8面体に糸を掛けて8面体の頂点をつなぎ、引き締め、1周する。

30 ほどけないように、最後に固結びをする（P.23「最後の結び目」参照）。リース小が出来ました。

31 【リース大】の材料を使って6の1列を20個作り【リース小】と同様に作る。リース大が出来ました。

▷ 縁取りリースの作り方

31 【縁取りリース】の材料を使ってリース小を作る。8面体の外側の頂点に針を出し、6.8cmのストローに通し、隣の頂点の位置に糸を掛ける。

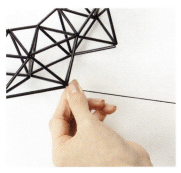

32 糸を引き締める。隣へ隣へとつなぎ、グルリと1周する。

33 ほどけないように、最後に固結びをする（P.23「最後の結び目」参照）。縁取りリースが出来ました。

NO. 15
天空の風
— SKY WIND —

→ P.18

難易度：★★★

◎材料

【8面体A（P.24）1個】
ストロー ……… 4cm×12本
糸……………………… 適宜

【8面体ダイヤ形（P.26）12個分】
ストロー …（3.5cm×4本）×12個分
……………（5cm×8本）×12個分
糸……………………… 適宜

【8面体B（P.24）21個分】
ストロー
 …（5cm×12本）×21個分
糸……………………… 適宜

【リース大（P.58）1個】
【リース小（P.58）1個】

【12面体1個】
ストロー ……… 8cm×6本
　　　　　　　　 9cm×12本
糸……………………… 適宜

▷ パーツを作る　　　　　　▷ 8面体Aをつなぐ

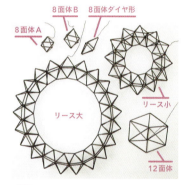
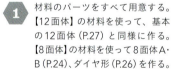

1　材料のパーツをすべて用意する。【12面体】の材料を使って、基本の12面体（P.27）と同様に作る。【8面体】の材料を使って8面体A・B（P.24）、ダイヤ形（P.26）を作る。

2　12面体の糸に針を通し、8面体Aの下に糸を掛ける。12面体にも糸を掛け、クルリと1周させる。

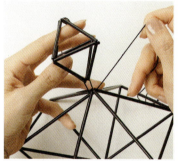

3　糸の輪を引き締める。

4　ほどけないように、固結びをする（P.23「最後の結び目」参照）。

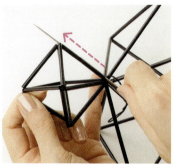

5　8面体Aの1辺に針をくぐらせる。

6　ストローの際で糸を始末する。

▷ 12面体とリース小をつなぐ

▷ リース小とリース大をつなぐ

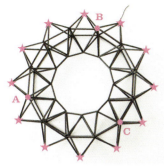

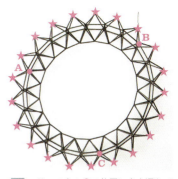

7 リース小の●の位置に糸を通して12面体 **A・B・C** の同位置につなぐ。

Point 12面体とつなぐ位置は4個飛ばしで糸をつけます（●位置）。

8 7の★に、8面体ダイヤ形の糸を通し、結ぶ。同じ高さになるように長さを調整して12個結ぶ。

9 リース大の●の位置に糸を通してリース小 **A・B・C** の同位置につなぐ。

Point 糸が出ているところから7個目、14個目、21個目に糸をつけます（●位置）。

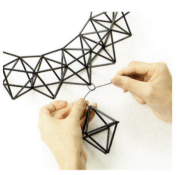

10 9の★に、8面体Bの糸を掛けていく。

上から見た図
※同じアルファベットの点同士を上から順につなぎます。

8面体A

12面体

リース小
8面体ダイヤ形を★につなぐ
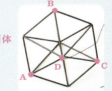

リース大
8面体Bを★につなぐ
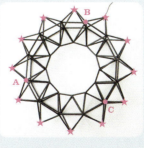

横から見た図

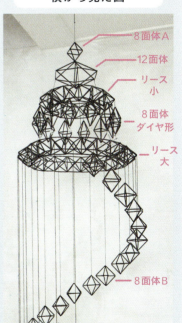

8面体A
12面体
リース小
8面体ダイヤ形
リース大

8面体B

11 段になるように長さを調整して21個結び、糸を始末する。

Point 糸の長さを変えてつけることで、飾ったときに流れるようなラインが作れます。

NO.15 ─ SKY WIND

63

Profile

ヒンメリのおか　**大岡 真奈**（Mana　Ooka）

千葉県在住。幼少期からもの作りが大好き。偶然手に取った雑誌でヒンメリを知り、その美しさに魅了されて以来独学でさまざまな形を考案する。より多くの人にヒンメリの魅力を伝えたいという思いから、勤めていた小学校を退職後、東京・千葉・埼玉・神奈川など関東地方を中心にワークショップを開始。誰もが分かりやすい学校のような楽しい教室作りを目指したワークショップは連日人気を集めている。過去に星野リゾート 軽井沢ホテルブレストンコートでの作品展示や『ハンドメイド日和』（ブティック社）、『北欧テイストの部屋づくり』（ネコ・パブリッシング）などの出版物やスターフライヤー機内誌などに掲載。その他、NHK「あさイチ」TV出演、web動画配信、フェリシモのヒンメリキット監修など精力的に活動している。

【ヒンメリのおか　Blog】
https://ameblo.jp/himmelinooka/

【instagram】
@himmelinooka

【Web動画配信】
アダストリア　studio CLIP
ハンドクラフト WEB動画配信
http://www.studio-clip.jp/craft/106/

Staff

撮影	福井裕子、尾島翔太
スタイリング	木村 遥
デザイン	田山円佳（スタジオダンク）
DTP	北川陽子（スタジオダンク）
編集	宮本貴世

北欧の光と影のモビール
幾何学模様の美しいヒンメリ

2018年12月30日　初版発行
2023年 2月28日　4刷発行

著　者　ヒンメリのおか　大岡真奈
発行者　小野寺優
発行所　株式会社河出書房新社
　　　　〒151-0051　東京都渋谷区千駄ヶ谷2-32-2
　　　　電話　03-3404-1201（営業）
　　　　　　　03-3404-8611（編集）
　　　　https://www.kawade.co.jp/

印刷・製本　三松堂株式会社

Printed in Japan
ISBN978-4-309-28709-6

落丁本・乱丁本はお取り替えいたします。
本書のコピー、スキャン、デジタル化等の無断複製は著作権法上での例外を除き禁じられています。本書を代行業者等の第三者に依頼してスキャンやデジタル化することは、いかなる場合も著作権法違反となります。

> 本書の内容に関するお問い合わせは、お手紙かメール（jitsuyou@kawade.co.jp）にて承ります。恐縮ですが、お電話でのお問い合わせはご遠慮くださいますようお願いいたします。
>
> 本書に掲載されている作品及びそのデザインの無断利用は、個人的に楽しむ場合を除き、著作権法で禁じられています。
> 本書の全部または一部（掲載作品の画像やその作り方図等）をホームページに掲載したり、店頭、ネットショップ等で配布、販売したりする場合には、著作権者の許可が必要です。